Generis
PUBLISHING

Le droit fondamental d'être à l'abri de la faim en Afrique

JUNIOR MANDOKO

CIP a Camerei Naționale a Cărții

Mandoko Ma Bongoy, Junior.

Le droit fondamental d'être à l'abri de la faim en Afrique/Junior Mandoko – Chișinău : Generis Publishing, Online Marketing Group, 2020 (Print on demand). – 75 p.

ISBN: 978-9975-3402-9-8

342.72/.73-055.2(6)

J 90

Generis Publishing

Online orders: www.generis-publishing.com

Orders by email: info@generis-publishing.com

ABRÉVIATIONS

- AGNU : Assemblée générale des Nations unies
- CEDEAO : Communauté économique des États de l'Afrique de l'Ouest
- CICR : Comité international de la croix rouge
- CILSS : Comité permanent inter – étatique de lutte contre la sècheresse dans le Sahel
- DUDH : Déclaration universelle des droits de l'homme
- ECOSOC : Economic and Social council, United nations
- FAO : Organisation des Nations unies pour l'alimentation et l'agriculture
- FIDA : Fonds international pour le développement agricole
- OIDLO : Organisation internationale de Droit du Développement
- PAM : Programme alimentaire mondial
- PIDCP : Pacte international relatif aux droits civils et politiques
- PIDESC : Pacte international relatif aux droits économiques, sociaux et culturels
- Uniterra : Programme canadien de coopération volontaire et de développement international
- SAHEL : Les territoires aux alentours du désert de Sahara en Afrique

Table of Contents

Dédicace

À celui qui m'a fait honneur de porter son nom, à toi Papa, que je dédie cette réflexion. Comme tu as toujours voulu servir ton continent, ton pays ; la République Démocratique du Congo, même si les circonstances de la vie n'ont pas permis à ce que ton rêve se réalise, là où tu es, au paradis, j'ose croire que tu te réjouiras de la continuité de ton œuvre que je tiens à cœur. Faire de ce monde le meilleur endroit où il fait beau vivre, tel était ton souci le plus ardent.

À ma mère, les mots sont insuffisants pour exprimer ce que je ressens pour toi : je t'aime.

À ma famille, je vous aime.

Une pensée pour toutes les victimes du COVID-19 et un coup de chapeau au corps médical qui travaille d'arrache-pied de par le monde pour sauver des vies humaines. La solidarité humaine vaincra !

Auguy Junior Mandoko-Ma-Bongoy

INTRODUCTION

La conférence mondiale sur les droits de l'homme organisée en 1993, à Vienne, avait reconnu l'interdépendance entre les droits de la personne, et que les droits des femmes font aussi partie des droits humains[1]. Dans le monde, plus de 50 % de denrées alimentaires sont produites par les femmes agricultrices. Les efforts fournis par celles-ci dans le domaine de l'agriculture ne sont pas souvent comptabilisés parce qu'ils n'entrent pas dans le système salarial de l'État. Les femmes fournissent des gros efforts pour nourrir leur famille et leur communauté en échange d'aucune forme de rémunération. Ainsi, dépendamment des régions du monde, les fonctions occupées par les femmes varient. L'influence de la tradition et de la culture détermine la répartition des rôles sociaux accordés à l'homme et à la femme dans une société donnée. En Afrique Subsaharienne, plus de 60

---

[1] Nations unies, 1993, Conférence mondiale sur les droits de l'homme, 14 – 25 juin 1993, Vienne, Autriche. [Consultée en ligne le 20 avril 2013]http://www.ohchr.org/FR/ABOUTUS/Pages/ViennaWC.aspx

à 80 % de la main-d'œuvre agricole est assurée par les femmes qui vivent en milieux ruraux[2]. Elles s'occupent du sarclage, du semis, de l'épandage d'engrais, de la pulvérisation de pesticides, de la récolte, de la transformation alimentaire et du transport. Ayant la responsabilité de nourrir et de maintenir en bonne santé leur famille ainsi que leur communauté, elles possèdent des techniques spéciales de préservation de la biodiversité à petite échelle. Soucieuses du bien-être du village, elles appliquent des techniques spéciales de transformation des denrées afin de varier les régimes alimentaires et d'éviter des pertes. Elles fument la viande et le poisson, elles moulent et pilonnent le manioc, le maïs pour les conserver pendant longtemps. Plus encore, ces sont les femmes qui s'occupent de la cuisine, du coupage de bois et de l'approvisionnement en eau, de l'éducation des enfants et de leur santé. Lorsqu'elles ont l'occasion d'accéder au marché, le gain perçu sert à l'achat de nourriture pour le bien

____

[2] Jacques Diouf, les femmes clés de Ella sécurité alimentaire. FAO, 2010-2011, Rome. Pages 1-4 [consulte en ligne le 20 avril 2013]http://www.fao.org/docrep/014/am719f/am719f00.pdf

être de la famille[3].Paradoxalement, elles ne bénéficient pas de mêmes droits que les hommes. Souvent victimes des discriminations, les femmes dans les milieux ruraux d'Afrique vivent dans une insécurité alimentaire chronique. Elles n'ont pas accès aux ressources nécessaires pour développer leur agriculture et subvenir à leurs besoins nutritionnels quotidiens. Ces injustices socio-économiques à l'encontre des femmes les empêchent d'accroître leur productivité agricole et par conséquent, d'être à l'abri de la faim. Les femmes n'ont pas la possibilité d'accéder matériellement et socio- économiquement à tout moment aux aliments nutritifs suffisant pour satisfaire leurs besoins[4]. Au sein des familles, la répartition des vivres

---

[3] FAO: Genre et sécurité alimentaire. Rapport de synthèse de documents régionaux : « *les femmes en tant que productrices de denrées alimentaires, les autres contributions des femmes à la sécurité alimentaire* », [consulté en ligne le 20 avril 2013] http://www.fao.org/docrep/x0233f/x0233f02.htm

[4] La sécurité alimentaire est une situation caractérisée par le fait que toute la population a en tout temps un accès matériel et socioéconomique garanti à des aliments sans danger et nutritifs en quantité suffisante pour couvrir ses besoins alimentaires, répondant à ses préférences alimentaires, et lui permettant de mener une vie active

s'effectue de manière inégale entre les garçons et les filles. Ces dernières ont accès à une très petite quantité de nourriture. Dans des régions frappées par la famine, elles sont envoyées prématurément au mariage afin de diminuer la charge familiale. Dans des zones à conflit, les femmes qui vivent dans les milieux ruraux sont victimes des viols et parfois, elles sont contraintes à pratiquer des activités sexuelles pour avoir de la nourriture[5].

La précarité de la situation des femmes affecte non seulement leur famille, mais aussi toute la communauté rurale à laquelle elles appartiennent. Alors qu'ailleurs le nombre de personnes vivant dans l'insécurité alimentaire diminue, en Afrique le taux ne cesse d'augmenter. Les personnes vivant dans les milieux ruraux, plus particulièrement les femmes et les

---

et d'être en bonne santé. FAO : « *Statistiques de sécurité alimentaire* ». [Consultée en ligne le 20 avril 2013] http://www.fao.org/economic/ess/ess-fs/fr/

[5] FAO, FIDA, PAM et OIDLO(2013) appellent l'attention sur le lien existant entre les femmes, la violence et la sécurité alimentaire, à l' occasion de la journée internationale de la femme. Rome, 8 mars 2013[Consulte en ligne le 20 avril 2013] http://www.fao.org/news/story/fr/item/171401/icode/

enfants, sont de plus en plus affectées par cette situation déplorable[6].

Étant donné que le fardeau du bien-être familial et communautaire repose sur le dos des femmes dans les régions rurales de l'Afrique, car le secteur agricole est dominé par les femmes, les hommes sont quasiment absents. Le courant néolibéral ayant provoqué un exode rural des hommes vers des zones urbaines et minières où le travail est récompensé par un salaire en ne laissant qu'aux femmes l'exploitation agricole[7]non salariale, la défense des droits des femmes à une sécurité alimentaire devient indispensable afin d'assurer le bien-être non

---

[6] FA0 (1990 – 2012), PAM (2011) The State of food insecurity in the World 2012 [consulté en ligne 20 avril 2013] http://www.fao.org/infographics/pdf/FAO-infographic-SOFI-2012-en.pdf. http://documents.wfp.org/stellent/groups/public/documents/communications/wfp229438.pdf

[7] Département économique et social, FAO. Genre et sécurité alimentaire. Rapport de synthèse de documents régionaux : Afrique, Amérique Latine et les Caraïbes, Asie et Pacifique, Europe, Moyen Orient : II. La contribution des femmes à la production agricole et à la sécurité alimentaire : situation actuelle et perspectives. [Consulté en ligne, le 20 Avril 2013] http://www.fao.org/docrep/x0233f/x0233f02.htm

seulement des populations rurales, mais aussi de celles qui vivent dans des zones urbaines. Ces dernières dépendent généralement des produits agricoles en provenance des milieux ruraux. Cette défense des droits des femmes agricultrices d'Afrique consiste à l'amélioration de leurs conditions des vies en matière d'accessibilité à la terre et au titre de propriété, à l'éducation et aux formations spéciales, à la culture du sol, aux semences, à l'eau et aux outils nécessaires à l'économie rurale, aux nouvelles technologies, aux crédits et aux marchés[8].

En Afrique plus d'un milliard de femmes sont agricultrices, mais elles ne bénéficient pas des mêmes avantages socio-économique et politique que les hommes. Les cultivatrices sont confrontées à plusieurs obstacles qui rendent difficile leur accès

---

[8] FAO (1 décembre 2011) Closing the gap between men and women in agriculture. The world cannot eliminate hunger without closing the gap between men and women in agriculture. With equal access to productive resources and services, such as land, water and credit, women farmers can produce 20 to 30 percent more food, enough to lift 150 million people out of hunger [Video consultée en ligne le 08 mars 2013]
http://www.youtube.com/watch?v=uDM828TpVpY&feature=player_embedded

aux ressources nécessaires à la production agricole indispensable pour assurer le bien être et la prospérité de toute l'Afrique[9].

Ainsi, c'est à l'aide d'une approche féministe que nous allons défendre les droits des femmes agricultrices d'Afrique à une sécurité alimentaire durable. Cette approche théorique nous permettra de comprendre et d'analyser le rapport de pouvoir entre les sexes dans une société donnée[10].

Cet ouvrage s'inscrit donc dans le postulat féministe qui prône la « transforma[tion] en profondeur [des] rapports sociaux des sexes » (Huguette Dagenais, 1994 : 59-75). Un rapport de pouvoir qui accorde abusivement une suprématie au sexe

---

[9] FAO (SOFA 2010) Rapport annuelle: Combler le fossé home – femmes dans l'agriculture. (SOFA 2010 – 2011) plaide pour l'investissement accru en faveur des femmes. [Consulte en ligne le 1er mars 2013] http://www.fao.org/news/story/fr/item/52105/icode/. FAO (Rome, 2011) voir aussi voir aussi le rapport sur la situation mondiale de l'alimentation et l'agriculture 2010 – 2011. http://www.fao.org/docrep/013/i2050f/i2050f00.htm
[10] Elsa Dorlin, Sexe, genre et sexualités, introduction à la théorie féministe, Paris, PUF, 2008, pp 5 -7.

masculin au détriment du sexe féminin[11]. Nous allons joindre notre lutte à celle de ce mouvement afin de déclencher un changement social visant l'amélioration des conditions des vies des femmes en milieux ruraux. En incitant à une révolution culturelle et en invitant les hommes et les femmes, comme principaux acteurs à participer activement à un changement de mentalité.

Nous attesterons que les droits des femmes à une sécurité alimentaire est propice à une croissance économique de l'Afrique toute entière.

Nous considérons fermement que seules ces populations peuvent être les seuls acteurs et actrices du changement social et du nouveau model de société que nous proposons dans ce livre. La transformation sociale suggérée ici nécessite ipso facto la contribution de toutes les couches sociales, partant des

---

[11] Huguette Dagenais dans M.F. Labrecque,dir., l'égalité devant soi, sexes, rapports sociaux et développement international, Ottawa, Centre de recherchés pour le développement international, 1994. Pages 59- 75.

intéressées elles- mêmes, jusqu'aux décideurs politiques. L'objectif n'étant pas de présenter les populations qui vivent dans les milieux ruraux comme des gens à éclairer ou à civiliser, mais plutôt de souligner l'apport et la contribution des femmes agricultrices pour le bien-être des populations africaines. Leur importance et les rôles qu'elles jouent quotidiennement au développement durable de ce continent, mais qui, malheureusement ne sont pas pris en considération. Et nous réaffirmons, avec conviction et fermeté, que les droits des femmes sont des droits humains.

En effet, nous nous servirons du concept de « genre » pour démontrer le fondement de la différenciation sociale des sexes et la non-reconnaissance des efforts fournis par les femmes qui vivent dans les milieux ruraux pour la survie de leur famille et de leur communauté [12] . Ce concept nous permettra de

---

[12] Michèle Ollivier et Manon Tremblay. Questionnements féministes et méthodologie de la recherche, chapitre 1 et 2. Collection outils de recherche. Harmatan, 2000, pages19 – 83.

comprendre et d'expliquer la discrimination dont les femmes sont victimes dans la société[13].

Nous tâcherons à démontrer que c'est à travers le processus de socialisation que se développe la discrimination à l'encontre des femmes, une discrimination fondée sur des préjugés ne reflétant pas le caractère naturel des sexes biologiques[14].

Notre cadre conceptuel sera basé sur la politique, les outils juridiques et la culture comme facteurs du système social, car le respect des droits et l'amélioration des conditions des vies des femmes en milieux ruraux est un droit qui nécessite *ipso facto* une certaine volonté politique des dirigeants des États. Ceux-ci doivent mettre en place des politiques axées sur la bonne gouvernance. Des outils juridiques nécessaires pour protéger et

---

[13] Joan W. Scott, « *Fantasme du millénaire* : le future du « *genre* » au XXIe siècle » dans CLIO Histoire, femme et société, 2010, no 32, pages 91 – 94.
[14] Huguette Dagenais dans M.F. Labrecque,dir., l'égalité devant soi, sexes, rapports sociaux et développement international, Ottawa, Centre de recherchés pour le développement international, 1994. Pages 59- 75.

garantir les droits des femmes en milieux ruraux afin de déconstruire certaines pratiques culturelles sexistes et discriminatoires contre elles.

Nous tâcherons à démontrer que l'inégalité d'accessibilité aux moyens de production agricole dans les milieux ruraux porte atteinte à la sécurité alimentaire des populations africaines[15].

Toutefois, la question se pose de savoir si l'amélioration de la situation des femmes qui vivent dans les milieux ruraux d'Afrique permettrait à la population africaine d'être à l'abri de la faim?

Nous répondrons à cette question à la lumière des ouvrages, des doctrines, des articles périodiques et des outils juridiques garantissant les droits des femmes et le droit d'être à l'abri de la

---

[15] Duhaime, Gerard et Anne Godmaire, les conditions de la sécurité alimentaire durable, un cadre conceptuel intégré, Ste foy, GETIC, Collection des travaux de recherches, Université Laval, 2000, p33. Dans le recueil du cours, pages92-98.

faim et d'avoir accès à une nourriture saine et suffisante à tout moment que cela l'exige.

Ce livre est divisé en deux grandes parties. La première est consacrée aux responsabilités des États en matière de sécurité alimentaire des populations africaines et la seconde aux droits des femmes qui vivent dans les milieux ruraux à une sécurité alimentaire, ainsi que les retombées positives de ceux-ci sur le bien-être des africains(es).

I. Les obligations des États envers la sécurité alimentaire des femmes en milieux ruraux

Les États d'Afrique subsaharienne, membres du système des Nations-unies, ont pris l'engagement, depuis juin 1945, de coopérer avec les autres États afin de résoudre « tous les problèmes […] d'ordre humanitaire, en développant et en encourageant le respect des droits de l'homme et des libertés fondamentales pour tous, sans distinction […] de sexe […] » (*Charte des Nations unies*, 1945 : préambule).

La signature des engagements internationaux démontre l'importance que toute la communauté internationale accorde aux droits humains et à l'égalité des sexes. Partant de la *Déclaration Universelle* des droits de l'homme, du *Pacte international relatif aux droits civils et politiques*, du *Pacte international relatif aux droits économiques, sociaux et culturels*, de la *Convention sur l'élimination de toutes les formes de discriminations* et des autres traités régionaux en cette matière, on constate que le respect des droits des femmes ainsi que la mise en œuvre des politiques nécessaires afin de garantir à toutes et à tous une sécurité alimentaire par les États est un droit inaliénable.

En effet, dans la *Déclaration universelle des droits de l'homme*, les États membres des Nations-unies ont tous reconnu dans son préambule « l'égalité des droits des hommes et des femmes » et réitéré leurs souhaits de promouvoir le « progrès social » et l'amélioration des « conditions de vie » des peuples. Ensuite, en vertu de l'article 2 de ladite déclaration, peu importe l'identité sexuelle, toute personne bénéficie de tous les droits et libertés. Parmi ces droits, figure notamment : « les droits à un niveau de vie suffisant pour assurer sa santé, son bien-être [personnel et celui] de sa famille, notamment pour l'alimentation […] » (DUDH, 1948 : par. 6, articles 2 et 25). À l'article 2 (1) et (2) du *Pacte international relatif aux droits civils et politiques*, les États Parties ont pris l'engagement de mettre en place des mesures nécessaires pour « garantir à tous les individus se trouvant sur leur territoire et relevant de leur compétence les droits reconnus dans le présent *Pacte*, sans distinction aucune […] de sexe », de « prendre, en accord avec leurs procédures constitutionnelles et avec les dispositions du présent *Pacte*, les arrangements devant permettre l'adoption de telles mesures d'ordre législatif ou autre, propres à donner effet aux droits reconnus dans le présent *Pacte* qui ne seraient pas déjà en vigueur » (PIDCP, 1976 : articles 2. (1) et (2)) et d'assurer l'égalité des droits civils et politiques entre l'homme et la femme [16] . En ce qui concerne les questions d'ordre économique, sociales et culturelles, les États se sont engagés à garantir, sans aucune discrimination basée sur le sexe, ces droits aux hommes comme aux femmes avec ou sans l'appui de la coopération internationale. Parmi ces droits figurent

______

[16] Pacte international relatif aux droits civils et politiques, adopté par l'AGNU, résolution 2200 A(XXI) du 16 décembre 1966, entré en vigueur23 mars 1976, Article 3.

notamment : les droits à un emploi stable pouvant permettre à toute personne de gagner sa vie, les droits de « jouir des conditions de travail juste et favorable »impliquant notamment, « un salaire juste et équitable » entre homme et femme, les droits d'avoir une nourriture suffisante, car, en adhérant dans ce *Pacte*, les États ont reconnu « le droit fondamental qu'a toute personne d'être à l'abri de la faim ». Ils ont affirmé l'importance de prendre des dispositions nécessaires pour « améliorer les méthodes de production, de conservation et de distribution des denrées alimentaires [...] » et pour « assurer une répartition équitable des ressources alimentaires mondiales par rapport aux besoins [...] » (PIDESC, 1976:articles 3, 6, 7 (a)i, 11(1) et (2) et 13).

En matière des droits des femmes spécifiquement, les États se sont engagés, dans la *Convention relative à l'élimination de toutes les formes de discrimination à l'égard des femmes*, entrée en vigueur en 1981 et complétée par un protocole facultatif, adopté le 6 octobre 1999 [17] ,pour non seulement condamner toutes les formes des discriminations basées sur les sexes, mais aussi mettre en place des politiques et des législations nécessaires afin d'éliminer toutes ces discriminations à l'encontre des femmes. Concernant les femmes qui vivent dans les milieux ruraux, tenant compte de leurs situations particulières et de leurs rôles sur le bien-être familial, les États ont pris l'engagement d'assurer l'égalité des sexes propice pour le développement de ces milieux. Cette égalité va de la participation des femmes au développement rural en mettant l'accent plus particulièrement sur l'égalité d'accès aux services de santé, à l'éducation, aux crédits et aux prêts agricoles, aux services de commercialisation, aux technologies appropriées, au traitement égal dans les reformes foncières et agraires, à des conditions de vie saine et impeccable.

---

[17] Protocole facultatif à la Convention sur l'élimination de toutes les formes de discrimination à l'égard proclamé par l'AGNU le 6 octobre 1999 Résolution A/RES/54/4.

Ainsi, en vertu de l'article 14 (1) et (2) de la dite *convention*:

« Les États parties tiennent compte des problèmes particuliers qui se posent aux femmes rurales et du rôle important que ces femmes jouent dans la survie économique de leurs familles, notamment par leur travail dans les secteurs non monétaires de l'économie, et prennent toutes les mesures appropriées pour assurer l'application des dispositions de la présente Convention aux femmes des zones rurales. 2. Les États parties prennent toutes les mesures appropriées pour éliminer la discrimination à l'égard des femmes dans les zones rurales afin d'assurer, sur la base de l'égalité de l'homme et de la femme, leur participation au développement rural et à ses avantages et, en particulier, ils leur assurent le droit : a) de participer pleinement à l'élaboration et à l'exécution des plans de développement à tous les échelons; b) d'avoir accès aux services adéquats dans le domaine de la santé, y compris aux informations, conseils et services en matière de planification de la famille; c) de bénéficier

directement des programmes de sécurité sociale;
d) de recevoir tout type de formation et d'éducation, scolaires ou non, y compris en matière d'alphabétisation fonctionnelle, et de pouvoir bénéficier de tous les services communautaires et de vulgarisation, notamment pour accroître leurs compétences techniques; e) d'organiser des groupes d'entraide et des coopératives afin de permettre l'égalité de chances sur le plan économique, qu'il s'agisse de travail salarié ou de travail indépendant; f) de participer à toutes les activités de la communauté; g) d'avoir accès au crédit et aux prêts agricoles, ainsi qu'aux services de commercialisation et aux technologies appropriées, et de recevoir un traitement égal dans les réformes foncières et agraires et dans les projets d'aménagement rural; h) de bénéficier de conditions de vie convenables, notamment en ce qui concerne le logement, l'assainissement, l'approvisionnement en électricité et en eau, les transports et les communications. »[18].

---

[18] La *Convention sur l'élimination de toutes les formes de discrimination*

Faisant partie des catégories sociales vulnérables, les femmes ont besoin d'une protection particulière de la part d'un État. En Afrique, la dégradation de la situation sociale, économique et politique nécessite un interventionnisme étatique encore plus efficace afin de garantir les droits des femmes et de les protéger contre certains abus.

Eu égard aux rôles que jouent les femmes agricultrices qui vivent dans les milieux ruraux, l'obligation s'impose aux États et au besoin, à toute la communauté internationale de venir en aide à un État « défaillant » afin de garantir l'accessibilité des femmes à une eau potable, à l'éducation, à l'emploi, ainsi qu'à la terre.

Cependant, la situation qui prévaut actuellement dans cette contrée du monde nous pousse à questionner le rôle fondamental de l'État. Ce dernier, qui devrait être « l'incarnation de la raison

à l'égard des femmes, adoptée par l'AGNU le 18 décembre 1979, entrée en vigueur en 1981 [consulté en ligne le 30 mars 2013]http://www.un.org/womenwatch/daw/cedaw/text/fconvention.htm

et de l'intérêt général » des populations, un organe neutre et impartial reflétant « le lieu d'arbitrage des conflits entre les groupes d'intérêt de la société » ou même « l'expression de la puissance et de la souveraineté de la nation », s'est transformé en un « instrument dont se sert la classe dirigeante [à majorité masculine], pour imposer sa domination aux autres classes » (Diane Ethier, 2007 : page 78). Le gouvernement n'émanant pas de la volonté démocratique du peuple, devient l'organe où règne la corruption, crée la division entre les populations en semant des conflits interethniques ou inter religieux. L'affairisme et la cupidité de la classe politique affaiblissent les capacités d'un État respectif à réagir adéquatement à certaines catastrophes naturelles et à respecter ses engagements internationaux relatifs aux droits des femmes qui vivent dans les milieux ruraux. Les femmes sont donc prises en otage par l'État, la tradition, la culture et leur communauté respective. Elles constituent la catégorie sociale la plus vulnérable qui subit considérablement les effets néfastes de la corruption dans un système étatique, des conflits armés et des catastrophes naturelles. De ce fait, leur niveau d'accessibilité à une « alimentation suffisante, sûre et nutritive [qui répond] à leurs besoins nutritionnels » (FAO, 1996 : page 1) est considérablement limité à cause de toutes ces instabilités politiques à la suite de l'absence de l'État, censé protéger, respecter et mettre en œuvre ses engagements internationaux relatifs à l'amélioration des conditions de vie des femmes agricultrices et à la sécurité alimentaire[19].

Ainsi, la corruption, les conflits armés et les dégradations saisonnières des conditions agro-climatiques entravent les capacités des États d'Afrique à garantir la sécurité alimentaire non seulement des femmes, mais aussi de l'ensemble des populations africaines. Ces trois obstacles exogènes à la culture et à la tradition des populations qui vivent dans les milieux

____

[19] Ziegler, Jean, le droit à l'alimentation, Paris, Mille et une nuit, 2003, 228p, 168-172 dans le recueil du cours DRT-6046/hiver 2013.

ruraux accentuent les mauvaises conditions de vie des femmes cultivatrices.

I.A. Quelques entraves aux obligations des États

I.A.1. La corruption

Les raisons de l'insécurité alimentaire dans le continent Africain sont multiples. La population africaine, plus particulièrement, ceux qui vivent dans les milieux ruraux sont affectées par la faim non seulement parce que ce sont généralement des petits producteurs, mais aussi à cause de la mauvaise gouvernance des États. Ceux-ci, gangrénés par la corruption d'une classe dirigeante ''masculine'', octroient abusivement des grandes portions des terres aux multinationales et aux grandes puissances étrangères. Les populations autochtones sont expropriées de leur terre sans compensation financière, et par conséquent, elles sont obligées de se déplacer, de quitter leur territoire familier pour trouver refuge ailleurs, parfois même dans des milieux totalement différents de leur mode de vie habituel[20]. Les hommes peuvent avoir l'opportunité d'être embauchés par ces multinationales pour travailler, mais malheureusement au bénéfice d'un salaire dérisoire et parfois, ils sont obligés de s'éloigner de leur famille. Les femmes n'étant pas considérées par la tradition et la communauté comme personnes autorisées à exercer un travail rémunéré se retrouvent plonger dans une pauvreté chronique, elles sont donc contraintes à cultiver avec des moyens rudimentaires. Les jeunes filles de moins de 18 ans sont parfois forcées à se prostituer ou à se marier précocement pour permettre à leur famille de subvenir à certains besoins financiers et s'approvisionner en nourriture. Le corps de la femme devient un moyen propice pour nourrir la famille ainsi que la communauté.

En causant l'insécurité alimentaire aux femmes qui vivent dans les milieux ruraux, l'accaparement de terre par les

---

[20] Déclaration des droits des paysannes et des paysans, mouvement de Paysan international [consulté en ligne le 24 mai 2013] http://viacampesina.net/downloads/PDF/FR-3.pdf

multinationales bénéficiant de l'aide d'une classe dirigeante cupide au détriment des paysans tout en détruisant non seulement l'environnement, mais aussi les moyens de subsistances des personnes qui dépendent de la terre. Les vastes étendues des champs sont dévastées, les eaux sont polluées[21]. Des graves violations des droits humains pouvant être considérés comme des crimes contre l'humanité sont commis jours et nuits au vu et au su non seulement des gouvernements locaux, mais aussi de toute la communauté internationale[22].

Les populations qui vivent dans les milieux ruraux, plus particulièrement les femmes et les enfants sont donc abandonnés à la merci du *dictat* de ces puissantes multinationales. Les États censés assurer la protection de leur population sont totalement

---

[21] Thériault, Sophie et Ghislain Otis : le Droit et la sécurité alimentaire (2003) 44 Cahiers de Droit 573. Consulté à la page 155-161 du recueil du cours DRT -6046/hiver.

[22] Propos tenu par Monsieur Jean Ziegler, ancien rapporteur spécial des Nations – unies sur le droit à l'alimentation, lors d'une interview accordée à radio Canada : "les colères de Jean Ziegler", le 30 mars 2013. [Consultée en ligne le 14 avril 2013] http://www.radio-canada.ca/emissions/la_semaine_verte/2012-2013/chronique.asp?idChronique=283700

absents. Les femmes et leurs enfants sont obligés de se déplacer pour chercher où mieux vivre ailleurs, à leurs risques et périls.

Au sein de l'Organisation des Nations unies pour l'alimentation et l'agriculture, le comité chargé de la sécurité alimentaire avait adopté, en mai 2012, une disposition « non contraignante » reconnaissant le droit de peuple autochtone à l'accès à la terre et l'exigence d'une bonne gouvernance nécessitant la transparence lors de conclusion de contrat foncier avec les multinationales et certaines grandes puissances étatiques. Cette disposition exige l'implication de la population autochtone au processus de négociation des clauses des contrats fonciers octroyant de vastes étendues des terres aux multinationales[23]. En pratique, peu d'États africains l'appliquent effectivement.

---

[23] FAO (2012) : Adoption des directives mondiales sur les régimes fonciers. Accord international historique sur une gouvernance responsable des régimes fonciers et les droits à la terre, aux pêches et aux forêts. 11 mai 2012 [consulté en ligne le 03.04.2013]http://www.fao.org/news/story/fr/item/142613/icode/

I.A.2. Les conflits armés

La plupart des conflits armés dans le continent africain sont causés par la mauvaise gestion des ressources naturelles, des injustices sociales, économiques et politiques. En effet, lors de ces conflits armés les États sont souvent incapables de protéger leurs populations civiles dont la majorité est constituée des femmes et des enfants. Cette catégorie de population est la première victime des conflits armés[24]. Durant ces conflits armés, les femmes sont souvent des cibles des groupes armés. Elles sont prises pour cible lorsqu'on veut s'attaquer à un groupe identitaire particulier. S'attaquer au corps de la femme constitue donc un moyen pour atteindre physiquement et psychologiquement toute la communauté à laquelle elle appartient. Ces dernières sont victimes de viols massifs, des maladies sexuellement transmissibles, des grossesses non

____

[24] *Supranote20*

désirées, d'esclavagisme sexuel [25]. En Afrique, pendant un conflit armé l'honneur et la dignité des femmes sont bafoués. Aucune règle prévue par les conventions de Genève de 1948 et leurs protocoles additionnels n'est respectée. Pourtant, les belligérants devraient, ne fût- ce que, respecter les règles prévues par la *Convention 4 de Genève de 1948*[26], les *règles coutumières du CICR* relative à la protection des civils et au droit international humanitaire[27].

Ainsi, pour échapper à ces violations des droits humains, les femmes et les enfants sont obligés de fuir en abandonnant leurs biens, leurs champs et leurs outils de production agricole pour trouver refuge ailleurs. Leur situation socio – économique se détériore de plus en plus, elles n'ont plus accès non seulement

[25] Irin Film (2013): « *Our Bodies, TheirBattleground* », avril 12, 2013 (vidéo) [consulté en ligne le 03. 04. 2013]
https://www.youtube.com/watch?v=9bCimen77ho
[26] Convention de Genève relative à la protection des civils en temps de guerre, 12 aout 1949, 75 RTNU 288, entrée en vigueur : 21 Octobre 1950. Art. 3 communs, Art. 27
[27]   CICR (2008): « *Règles coutumières du droit international humanitaire* », 25 novembre 2008. [Consultées en ligne le 03.04.2013] http://www.icrc.org/fre/resources/documents/misc/5fzf6z.htm.

à l'eau potable, mais aussi aux logements, aux services de santé et surtout à une alimentation suffisante.

Les conflits armés mettent en péril tous les systèmes de protection sociale mis en place par certains gouvernements pour protéger les populations vulnérables[28] ; les femmes et les enfants particulièrement.

La région du Sahel affectée par le conflit armé Somalien, Libyen et Malien, connait un mouvement énorme de population en quête de refuge. Les conflits armés qui sévissent dans cette région aggravent la situation d'insécurité alimentaire des femmes, surtout celles qui vivent dans les milieux ruraux[29]. Le nombre élevé de déplacés, majoritairement féminin, l'état des infrastructures routières locales, l'étendue des territoires rendent

---

[28] FAO, L'état de l'insécurité alimentaire dans le monde.[Consulté en ligne le 10 avril 2013]
http://www.fao.org/docrep/016/i2845f/i2845f00.pdf
[29] FAO (2012), la crise du Sahel : nouvelle crise dans la région du Sahel 2012 [consulté en ligne le 10 avril 2013]
http://www.fao.org/crisis/sahel/the-sahel-crisis/la-crise-2012-dans-la-region-du-sahel/fr/

plus difficile l'intervention des organismes spécialisés en matière d'aide alimentaire.

I.A.3. Les conditions agro-climatiques

Au-delà des situations causées par les êtres humains figurent aussi des catastrophes naturelles qui empêchent les États africains, encore fragiles, à respecter leurs obligations internationales relatives à la sécurité alimentaire des femmes qui vivent en milieux ruraux et de la population africaine en général. Dépendamment des saisons et des régions, les populations rurales font parfois face aux catastrophes naturelles causées tantôt par la sècheresse ou par des insectes nuisibles aux plantes agricoles. La plupart de pays situé dans la région du Sahel connaissent une sècheresse saisonnière qui porte atteinte à la sécurité alimentaire. Même si au niveau local les pays du Sahel ont mis en place un comité permanent inter- étatique pour lutter contre la sècheresse[30], mais la situation semble ne pas évoluer.

Les mauvaises conditions agro-climatiques engendrent la rareté, la pénurie des ressources, les difficultés des moyens de transport, la hausse de prix des denrées alimentaires obligeant les populations rurales à se déplacer pour chercher la nourriture, de l'eau potable et de la bouffe pour leur bétail ailleurs[31]. D'autre part, les champs sont souvent envahis par des insectes nuisibles qui ravagent des vastes étendues des plantations. Ces ravageurs des cultures affectent le rendement agricole. Les moyens utilisés pour les combattre s'avèrent insignifiants vis-à-vis de l'ampleur de l'infestation des plantes agricoles. Les autorités locales sont incapables de venir en aide aux

---

[30] CILSS, Comité permanent Inter – États de lutte contre la Sècheresse dans le Sahel CILSS [consulté en ligne le 11 avril 2013] http://www.cilss.bf/spip.php?article308

[31] FAO (2012) la crise du Sahel: nouvelle crise dans la région du Sahel 2012 [consulté en ligne le 10 avril 2013]http://www.fao.org/crisis/sahel/the-sahel-crisis/la-crise-2012-dans-la-region-du-sahel/fr/

agricultrices. La lutte contre ces déprédateurs des cultures s'avère très coûteuse à la fois pour les autorités locales, les agricultrices elles-mêmes et aussi pour les consommateurs.

L'amélioration de la situation des femmes africaines agricultrices nécessite vraisemblablement l'intervention des États respectifs. Ceux-ci doivent s'atteler à mettre en place des politiques visant à éliminer toutes les pratiques discriminatoires à l'égard des femmes. Cependant, sachant que ces pratiques sont alimentées depuis des siècles par la tradition et la culture, l'obligation des États de garantir l'égalité des sexes parait laborieuse.

Par ailleurs, aussi longtemps que les entraves citées plus haut ne seront pas éradiquées ou combattues efficacement, les États africains ne seront toujours pas capables de garantir les droits des femmes qui vivent en milieux ruraux et d'améliorer leurs conditions de vie afin que toutes la population africaine soit à l'abri de la faim et aient accès à une alimentation saine et suffisante à tout moment que le besoin l'exige.

I.B.L'Élimination des pratiques et les législations discriminatoires ou sexistes

En Afrique, la tradition occupe une place importante dans le mode de vie de la population. Elle influence significativement la perception que l'on a du monde, de l'environnement et de l'autre. Cependant, elle contribue en même temps à justifier certains abus auxquels les femmes sont quotidiennement victimes. Sa mauvaise interprétation, souvent hors du contexte actuel, perpétue la discrimination à l'égard de celles-ci.

De nos jours, certaines personnes s'en servent pour renforcer des préjugés et des mythes en essayant de justifier, abusivement, l'infériorité de la femme par rapport à l'homme. Ces traditions dites « orales » ont façonné, depuis des années, une perception de la femme comme être faible et inférieure à l'homme. Les traits culturels [32] partagés dans certaines communautés africaines encadrent et justifient l'usage de ces pratiques discriminatoires à l'égard des femmes. C'est au niveau de certaines institutions sociales telles que la famille, l'église, l'école et voire même dans la rue que se manifestent ces pratiques discriminatoires[33].

Dans ce vaste continent, certaines législations héritées de la période coloniale en matière des droits de famille et de propriété, par exemple, ne reconnaissent pas les droits des femmes à la succession, à l'héritage familial, les droits fonciers et les droits d'ester en justice sans autorisation du conjoint. Les biens familiaux appartiennent aux garçons après le décès du père. La mère et les filles ne sont pas considérées comme titulaires de droit sur la propriété familiale. En Afrique, « ces

---

[32] Claire Denis, David Descent, Jacques Fournier, Gilles Millette, Individu et société, 3e ed.,McGraw-Hill, Toronto,2001. pages65-72
[33] *Supra note12*, pages62– 68

lois coloniales encourageaient et facilitaient l'installation d'un système patriarcal. En préconisant l'autorité parentale, la famille [doit] être dirigée par le mari et seul l'homme [peut] posséder des biens même [si ceux-ci sont] produits par la femme »[34]. La terre, source de richesse, n'appartient qu'à l'homme et non à la femme[35].

Bien que l'intervention de l'État à travers des projets, des stratégies et des politiques axées sur l'amélioration des

---

[34] « En effet, en prônant l'autorité maritale, les administrateurs coloniaux excluaient d'office les femmes à l'accès aux titres de propriété. Les femmes n'avaient pas droit de détenir un titre de propriétaire sur une terre. [Ce système juridique] visait à empêcher aux femmes [la capacité] de prendre l'initiative [de s'enrichir] et de s'épanouir grâce à la possession des terres sources des richesses et de prospérité », Mandoko, Junior : « les droits des femmes rurales en Afrique subsaharienne : des droits à deux vitesse », éditions universitaires européennes, 2015, page27.

[35] Département économique et sociale, FAO, Statistiques et Genre recensement Agricoles. La femme rurale ne prend aucune décision en rapport avec l'utilisation des ressources agricole, elle n'a aucune responsabilité technique et financière sur la gestion de terre, car celle – Ci ne lui appartient pas. Pour en savoir plus veuillez consulter les Définitions et concepts Définitions et concepts : l'exploitant et la notion d'exploitant vue dans une perspective de genre [consulté en ligne 13 avril 2013] http://www.fao.org/docrep/003/X2919F/x2919f05.htm

conditions de la femme agricultrice s'avère indispensable [36], mais pour déconstruire ces perceptions anciennes, produites, construites par la société durant un contexte particulier qui est totalement différent du contexte actuel, et faussement transmises au détriment de la femme ; la contribution et la participation active de toutes les femmes et des hommes sont vivement souhaitées. Toutes les couches sociales doivent prendre l'initiative de lutter contre la structure patriarcale d'où proviennent ces pratiques car de nos jours elles ne se justifient plus. Pour qu'une société avance ou se développe durablement, on a significativement besoin de toute sa population, peu importe le genre ou le sexe. Les femmes doivent être les principales artisanes du changement social. Elles doivent exiger aux États respectifs le respect, la protection et la mis en œuvre des engagements internationaux pris dans le cadre de la *Déclaration universelle des droits de l'homme*, du *Pacte*

---

[36] AssiaBensalah—Aloui, la sécurité alimentaire mondiale, Paris, Librairie générale de droit et de jurisprudence, 1989. pp191-206

International relatif aux Droits civils et politiques, du *pacte international relatif aux Droits économiques, sociaux et culturels* et de la *Convention internationale relative à l'élimination de toutes les formes des discriminations à l'égard des femmes*. L'élimination de ces pratiques et législations discriminatoires à l'égard des femmes créera un changement profond de l'ordre social existant pour que les femmes et les hommes vivent en harmonie. Cette harmonie naitra grâce à la valorisation des activités et du travail des femmes, par la reconnaissance de bien-fondé [37] des efforts qu'elles fournissent jours et nuits afin d'assurer le bien-être de la famille et de toute la communauté à laquelle elles appartiennent. Dans ce processus, l'apport des hommes est aussi louable d'autant plus que l'amélioration des conditions des vies des femmes, des agricultrices plus précisément, est la clé de voûte du développement de l'Afrique profond.

---

[37] *Supra note 11,* pages 60-68

La prospérité des milieux ruraux d'Afrique dépend de la qualité des rapports sociaux entre les sexes. Les femmes et les hommes devraient être des bons partenaires tout au long de ce processus de lutte contre la faim afin de garantir le développement durable de l'Afrique.

La communauté internationale porte aussi une responsabilité morale de venir en aide aux États africains qui connaissent des difficultés énormes pour assurer la sécurité alimentaire de leurs ressortissants (es) qui ne sont pas à l' abri de la faim et par conséquent vivent dans la pauvreté[38].

---

[38]Ahmed Mahiou , Francis Snyder , sécurité alimentaire , foodsecurity and foodsafety , Academie droit international de la Haye, 2006 . page46

II. Les Droits des femmes en milieux ruraux d'Afrique et l'agriculture

Les droits des femmes agricultrices d'Afrique correspondent avec le rôle qu'elles jouent dans le processus de développement durable de ce continent. De ce fait, l'étude de la participation des agricultrices au développement durable de l'Afrique nous permettra de démontrer le rôle et l'importance d'améliorer la situation des femmes qui vivent dans les milieux ruraux et leur droit à une sécurité alimentaire durable.

II.A. Le rôle de la femme dans le processus développement durable en Afrique

En 1975 à Mexico, sous l'égide des Nations – unies, s'était tenue une conférence internationale relative à la participation des femmes au développement. Parmi les différents objectifs prioritaires fixés lors de cette conférence figurait la nécessité d'intégrer les femmes au processus de développement ''durable''. Cette intégration des femmes signifiait donc l'accessibilité des femmes à l'éducation, à l'emploi, aux services de santé, à la nutrition ainsi qu'à une participation active à la vie politique. En 1985, la tenue d'un colloque, en Nairobi au Kenya, sur les stratégies et prospectives pour la promotion de la femme, renforcée dix ans après par la quatrième conférence sur les femmes tenue à Beijing relative au rôle que joue la femme dans le processus de développement[39], il était donc question de reconnaitre l'importance du rôle que joue celle-ci dans l'amélioration des conditions de vie d'une population dans une société donnée.

L'étude sur les droits des femmes à l'alimentation en Afrique passe nécessairement par la problématique sur le développement durable. Le concept de sécurité alimentaire et celui du développement durable se tiennent car ils nécessitent l'instauration d'une justice sociale, de l'égalité, de la participation active des acteurs locaux directement impliqués[40].

En effet, dans les milieux ruraux d'Afrique l'accessibilité aux instances publiques telles que l'éducation, le soin de santé,

---

[39] Nations unies, (2000) Quatrième Conférence mondiale sur les femmes : lutte pour l'égalité, le développement et la paix pour le XXIe siècle, 5-9 juin 2000, new York [Consulte en ligne le 10 mars 2013] http://www.un.org/french/womenwatch/followup/beijing5/session/fo nd.html

[40] Duhaime, Gerard et Anne Godmaire, les conditions de la sécurité alimentaire durable. Un cadre conceptuel intégré, Sté Foy, GETIC, Collection des travaux de recherche, Université Laval, 2000, pages 85-86.

le marché du travail et à la sphère politique est inégalement répartie entre les sexes. Les femmes éprouvent d'énormes difficultés à bénéficier de certains services. Ces injustices accentuent la précarité de leurs conditions de vie. Dans ces milieux se développe un sexisme qui restreint la possibilité des femmes à accéder à une alimentation suffisante et aux soins médicaux appropriés. La structure patriarcale contraint les femmes à être confinées dans la sphère privée, à la reproduction et aux travaux ménagers. C'est dans plusieurs domaines relevant de la sphère publique que l'on constate ses inégalités des sexes. Dans le domaine de l'éducation, les faits attestent que peu de filles vont à l'école comparativement aux garçons. Dans le marché du travail, les femmes sont beaucoup moins compétitives face aux hommes. Elles éprouvent des difficultés à trouver du travail à cause de leur identité sexuelle. Elles sont celles qui sont moins rémunérées. En politique, la parité homme et femme, dans les instances de prise des décisions, est loin d'être une réalité. Dans le domaine juridique, bon nombre des pays en voie de développement n'ont pas encore reconnu aux femmes certains droits tels que le droit à la possession d'une terre, le droit de gérer les biens, le droit de diriger une entreprise.

Dans les milieux ruraux, le taux de mortalité des femmes n'est pas forcement causé par des suicides volontaires, mais plutôt par manque des structures nécessaires à garantir leur droit fondamental à la vie.

De ce qui précède, l'amélioration des conditions des vies des femmes est une condition primordiale pour assurer le développement durable du continent africain. Par amélioration de conditions des femmes on sous-entend, je cite : « l'accès grandissant des femmes aux éléments constitutifs du développement, tels que la santé, l'éducation, des sources de revenus, des droits et une participation actives à la vie publique » (Ester Duflo, 2006, pages 743- 744). On ne peut parvenir à un développement durable que si on associe les efforts des femmes à ceux des hommes, en abolissant toutes les formes des discriminations dont elles sont victimes. Pour ce faire, les autorités politiques locales ont donc la responsabilité de veiller à ce que leurs politiques soient non seulement conformes aux textes internationaux relatifs aux droits humains, mais aussi qu'ils adhérents à l'idéal d'une bonne gouvernance. Une bonne gouvernance basée sur l'amélioration de la situation de la femme, l'égalité des sexes et la croissance économique. L'octroi des mêmes opportunités de réussite sociale entre hommes et femmes[41].

---

[41] Ester Duflo, égalité de sexes et développement dans le livre noir de la condition des femmes, dirigé par Christine Ockrent, Édition X0, 2006, pages743- 744.

II.2.L'Amélioration des conditions des femmes agricultrices

C'est à travers le processus de socialisation que s'installe la division des sexes en deux catégories sociales auxquelles on attribue abusivement des rôles sociaux en imposant des limites sur certains droits. En attribuant ces rôles sociaux au sexe masculin et féminin, ce processus de socialisation est arrivé même à déterminer le mode vestimentaire, le comportement, les ressources matérielles et intellectuelles accessibles et non accessibles par les hommes ou les femmes. Cette conception sociale de la division des sexes génère toujours une appropriation du corps de la femme [42] agricultrice, utilisée comme bête de somme pour servir sa famille et sa communauté sans toutefois bénéficier de certains droits. Pourtant, le droit des femmes agricultrices est un droit qui s'inscrit dans la lutte pour

---

[42] Hélène Hirata et al.,dir., Dictionnaire critique du féminisme, Paris, Presses universitaires de France, 2000, « sciences et genre » à la pages 192 – 196.

l'égalité des sexes. Ce droit implique l'égalité homme et femme en matière : d'accessibilité à la terre et au titre de propriété, l'accessibilité à l'éducation et aux formations spéciales sur l'agriculture, l'accessibilité aux semences, à l'eau et aux outils nécessaires à l'agriculture, aux nouvelles technologies, aux crédits, aux marchés et la possibilité d'ester en justice. Cette lutte pour les droits des femmes agricultrices d'Afrique est une lutte que devraient mener toutes les femmes du monde victimes d'oppression et d'injustice sociale, dans le cadre de la solidarité humaine.

En effet, la situation alimentaire des femmes qui vivent dans les milieux ruraux en Afrique est préoccupante d'autant plus que celles – ci, obligées de porter la charge de toute la famille, n'ont pas certains droits qui leur permettent de bénéficier d'une sécurité alimentaire durable. Dans le secteur de l'agriculture, ces femmes sont souvent soumises à certaines restrictions qui les empêchent d'accéder à certaines ressources de production agricole. Leur accès à la terre, aux intrants, à l'éducation, à la justice est réduit. L'effet d'être femme leur retire certains droits liés à la sécurité alimentaire et d'être à l'abri de la faim. La répartition inégale des ressources nécessaires pour accroitre la productivité et le caractère non marchand des denrées alimentaires produites par les femmes provoquent un fossé considérablement entre les hommes et les femmes. Elles vivent dans une situation de pauvreté considérable malgré qu'elles travaillent beaucoup pour la survie de leur famille et de toute la communauté[43].

Sur le plan d'accessibilité à la terre et au titre de propriété, force est de constater que les législations locales, la coutume ou la tradition n'octroient pas de droit de propriété aux femmes. Pourtant, la terre est un moyen de production agricole indispensable pour tout agriculteur.

---

[43]Groupe d'étude de l'ECOSOC sur la pauvreté en Afrique, mars –avril 2001
http://www.unsystem.org/ngls/documents/text/le.messager/lm2.htm

En réalité, les femmes qui vivent dans les milieux ruraux sont considérées comme des « exploitantes sans terre » (FAO, 1991) car dépourvues de titre de propriété et n'étant pas en mesure de prendre des décisions sur l'usage des ressources agricoles. Elles n'ont aucune responsabilité technique et financière sur la gestion des terres[44]. Elles ne peuvent pas s'en approprier même si elles devaient revendiquer ce droit en tant qu'héritière.

L'éducation étant considérée comme l'apanage des hommes, seuls les hommes ont droit d'accéder à la science. Les parents préfèrent envoyer le fils à l'école pour étudier, acquérir des connaissances afin de protéger et de gérer les biens familiaux. Voir même lorsqu'il faudrait repartir les intrants de la production agricole, ces sont les hommes qui décident. Ils se

---

[44] Département économique et social, FAO. Statistiques et genres Recensement Agricoles : 3 Définitions et Concepts. [Consulté en ligne 13 avril 2013]http://www.fao.org/docrep/003/X2919F/x2919f05.htm

partagent les semences nécessaires à l'agriculture sans pour autant consulter ou faire appel aux femmes.

L'accès à une eau potable est un luxe. Le système d'irrigation dérisoire n'offre pas de l'eau potable. Les femmes qui vivent dans les milieux ruraux sont obligées de faire de kilomètre à pied pour aller chercher de l'eau potable et saine pour la santé. La précarité de la situation de ces femmes s'accroit au fur et à mesure que leurs niveaux de pauvreté s'augmentent.

L'accès au crédit devrait s'accompagner avec une possibilité de permettre à ces femmes d'écouler leur produit vers les marchés afin de leur permettre d'avoir suffisamment des moyens pour acheter ce dont elles ont besoin pour se nourrir et entretenir leurs activités champêtres à long terme.

Conclusion

Enfin, l'amélioration des conditions des vies des femmes agricultrices en Afrique est indispensable afin de leur assurer une sécurité alimentaire et de lutter contre la faim dans cette région du monde. Cette accommodation du *modus vivendi* au contexte socio-économique et politique actuel à travers le système international permettra non seulement aux populations rurales d'avoir « en tout temps un accès physique et économique aux denrées alimentaires dont elles ont besoin » (Duhaime, Gérard et Anne Godmaire : 2000, page 84), mais aussi au reste des populations qui vivent dans les milieux urbains d'être à l'abri de la faim. Pour y parvenir, il incombe aux États africains la responsabilité de lutter contre les traditions et cultures discriminatoires, la corruption, les conflits armés et d'intervenir en cas de catastrophes naturelles, au besoin, la communauté internationale devrait apporter de l'aide.

La corruption et les conflits armés qui gangrènent dans ces États créent de plus en plus des pauvres et réduisent les activités productives des paysans [45] . Les femmes font partie des populations les plus vulnérables. De ce fait, elles doivent bénéficier des politiques spécifiques visant à leur accorder les mêmes droits que les hommes. L'instauration de l'État de droit et démocratique où non seulement tout le monde est soumis à la loi, mais aussi où règne l'ordre et le respect des règles relatives à une alimentation suffisante fondée sur la transparence et l'obligation redditionnelle, l'autonomisation des femmes et leur implication dans la prise des décisions qui les concernent permettraient d'éradiquer l'insécurité alimentaire des femmes agricultrices[46], de leur communauté respective ainsi que de toute la population africaine.

Dans le cadre du renforcement du rôle des États et du respect de leurs obligations internationales, sous l'égide de la

____

[45] *Supra note39*, page15.
[46] FAO, voir les Statistiques de la faim 2010 – 2012

CEDEAO et avec la participation des associations des femmes de l'Afrique de l'Ouest, un protocole régional à caractère contraignant devrait être mis en œuvre pour « harmoniser les législations nationales aux instruments régionaux et internationaux » (Uniterra, 2013) en rapport avec la protection et la promotion des droits des femmes en Afrique de l'Ouest. Ce protocole devrait mettre en place des mécanismes de contrôle et d'alerte opérationnelle au niveau régional en ayant pour objectif principal d'établir l'égalité des droits entre les femmes et les hommes pour un développement durable de l'Afrique de l'Ouest[47]. Espérons que cette initiative aura des retombées positives et servira de base pour une sécurité alimentaire efficace[48] des États membres de la CEDEAO et du reste de l'Afrique.

---

[47] Uniterra(2013), Afrique de l'Ouest, CEDEAO, CCDG, Protocole pour l'égalité de droits entre les femmes et les hommes. [Consulté en ligne le 6 avril 2013]http://www.uniterra.ca/blogue/uniterra/protection-et-promotion-des-droits-des-femmes-dans-les-pays-de-la-cedeao/

[48] *Supra note 37*, pages58-64.

Pour un continent qui regorge des vastes étendues de terres arables, une démographie galopante et dont la majorité de la population n'est constituée que des jeunes, l'exploitation agricole reste indispensable pour garantir le bien être de toute la population à court et à long terme. Pour ce faire, le retour à la terre est la seule issue pour sortir ce continent du bourbier où il se trouve. N'a-t-on pas dit, je cite : « un ventre affamé n'a point d'oreille ?».

En cette période de pandémie du COVID-19, en obligeant la population de rester à la maison, les gouvernements respectifs oublient que la faim tue de nombreuses personnes à petit feu. Ces populations vivent au jour le jour de ce qu'elles gagnent. En sortant tous les jours, elles ont la possibilité de travailler afin d'avoir de quoi nourrir leur famille. Le seul moyen pour répondre efficacement à la crise alimentaire, et de combattre la faim, est de soutenir le secteur de la production agricole, plus particulièrement les femmes agricultrices. Celles- ci peuvent répondre efficacement à l'insécurité alimentaire chronique qui existe dans certaines villes africaines.

BIBLIOGRAPHIE

Traités et autres documents internationaux

Charte des Nations Unies, 26 juin 1945, RT Can 1945 numéros 7

Nations unies, Déclaration universelle des droits de l'homme, AGNU, résolution 217 A(III), 10 décembre 1948.

Pacte international relatif aux droits civils et politiques, adopté par l'AGNU et ouverte à la signature, à la ratification et à l'adhésion par l'Assemblée générale dans sa résolution 2200 A(XXI) du 16 décembre 1996, entre en vigueur le 23 mars 1976.

Pacte international relatif aux droits économiques, sociaux et culturels, adopté et ouvert à la signature, à la ratification et à l'adhésion par l'Assemblée générale dans sa résolution 2200 A(XXI) du 16 décembre 1966, entre en vigueur le 3 janvier 1976.

Convention sur l'élimination de toutes les formes de discrimination à l'égard des femmes, adoptée par l'Assemblée générale des Nations – unies dans le 18 décembre 1979, entrée en vigueur le 3 septembre 1981.

Convention de Genève relative à la protection des civils en temps de guerre, 12 aout 1949, 75 RTNU 288, entrées en vigueur : 21 octobre 1950

Protocole facultatif à la Convention sur l'élimination de toutes les formes de discrimination à l'égard des femmes proclamé par l'AGNU le 6 octobre 1999 Résolution A/RES/54/4.

CICR (2008) : Règles coutumières du droit international humanitaire, 25 novembre 2008.

Déclaration des droits des paysannes et des paysans, mouvement de Paysan international [consulté en ligne le 24 mai 2013]

http://viacampesina.net/downloads/PDF/FR-3.pdf

<u>Doctrine</u>

Monographie

Ahmed Mahiou , Francis Snyder , sécurité alimentaire , foodsecurity and foodsafety , Academie droit international de la Haye, 2006.

AssiaBensalah - Aloui , la sécurité alimentaire mondiale, Paris , Librairie générale de droit et de jurisprudence , 1989.

Claire Denis, David Descent, Jacques Fournier, Gilles Millette, Individu et société, 3e ed.,McGraw-Hill, Toronto, 2001.

Duhaime, Gerard et Anne Godmaire, les conditions de la sécurité alimentaire durable. Un cadre conceptuel intégré, Ste Foy, GETIC, Collection des travaux de recherche, Université Laval, 2000.

Elsa Dorlin, Sexe, genre et sexualités, introduction à la théorie féministe, Paris, PUF, 2008.

Ester Duflo, égalité de sexes et développement dans le livre noir de la condition des femmes, dirigée par Christine Ockrent, Édition X0, 2006.

Ethier, Diane. Introduction aux relations internationales, 3e ed., Montréal, Presses de l'Université de Montréal, 2007

Hélène Hirata et al.,dir., Dictionnaire critique du féminisme, Paris, Presses universitaires de France, 2000.

Huguette Dagenais dans M.F. Labrecque,dir., l'égalité devant soi, sexes, rapports sociaux et développement international, Ottawa, Centre de recherchés pour le développement international, 1994 .

Joan W. Scott, « Fantasme du millénaire : le future du « genre » au XXIe siècle » dans CLIO Histoire, femme et société, 2010, no 32.

Junior Mandoko : « les droits des femmes rurales en Afrique subsaharienne : des droits à deux vitesse », éditions universitaires européennes, Saarbrücken, 2015.

Michèle Ollivier et Manon Tremblay, Questionnements féministes et méthodologie de la recherche, Montréal, L'Harmatan, 2000

Thériault, Sophie et Ghislain Otis : le Droit et la sécurité alimentaire (2003) 44 Cahiers de Droit 573. Consulté à la page 155-161 du recueil du cours DRT -6046/hiver

Elsa Dorlin, Sexe, genre et sexualité, introduction à la théorie féministe, Paris, PUF, 2008.

Ziegler, Jean, le droit à l'alimentation, Paris, Mille et une nuit, 2003, 228p, 168-172 dans le recueil du cours DRT-6046/hiver 2013

<u>Articles de périodiques</u>

Nations unies (1993), Conférence mondiale sur les droits de l'homme, Vienne, Autriche [Consultée en ligne le 20 avril 2013]

http://www.ohchr.org/FR/ABOUTUS/Pages/ViennaWC.aspx

Jacques Diouf, les femmes clés de la sécurité alimentaire. FAO, 2010-2011, Rome. Pages 1-4 [consulté en ligne le 20 avril 2013]

http://www.fao.org/docrep/014/am719f/am719f00.pdf

FAO: Genre et sécurité alimentaire. Rapport de synthèse de documents régionaux : les femmes en tant que productrices de denrées alimentaires, les autres contributions des femmes à la sécurité alimentaire [consulté en ligne le 20 avril 2013]

http://www.fao.org/docrep/x0233f/x0233f02.htm

FAO, FIDA, PAM et OIDLO appellent l'attention sur le lien existant entre les femmes, la violence et la sécurité alimentaire, à l' occasion de la journée internationale de la femme. Rome, 8 mars 2013[Consulte en ligne le 20 avril 2013] http://www.fao.org/news/story/fr/item/171401/icode/

FA0 (1990 – 2012), PAM (2011) The State of foodinsecurity in the World 2012 [consulté en ligne 20 avril 2013]

http://www.fao.org/infographics/pdf/FAO-infographic-SOFI-2012-en.pdf

http://documents.wfp.org/stellent/groups/public/documents/communications/wfp229438.pdf

Département économique et social, FAO. Genre et sécurité alimentaire. Rapport de synthèse de documents régionaux : Afrique, Amérique Latine et les Caraïbes, Asie et Pacifique, Europe, Moyen Orient : II. La contribution des femmes à la production agricole et à la sécurité alimentaire : situation actuelle et perspectives. [Consulté en ligne, le 20 Avril 2013]

http://www.fao.org/docrep/x0233f/x0233f02.htm

FAO (1 décembre 2011) Closing the gap between men and women in agriculture. The world cannoteliminatehungerwithoutclosing the gap between men and women in agriculture. Withequalaccess to productive resources and services, such as land, water and credit, womenfarmerscanproduce 20 to 30 percent more food, enough to lift 150 million people out of hunger [Vidéo consultée en ligne le 08 mars 2013]

http://www.youtube.com/watch?v=uDM828TpVpY&feature=player_embedded

FAO (SOFA 2010) Rapport annuelle: Combler le fossé home – femmes dans l'agriculture. (SOFA 2010 – 2011) plaide pour l'investissement accru en faveur des femmes. [Consulté en ligne le 1 mars 2013]

http://www.fao.org/news/story/fr/item/52105/icode/

FAO (Rome, 2011) voir aussi voir aussi le rapport sur la situation mondiale de l'alimentation et e l'agriculture 2010 – 2011. [Consulté en ligne le 1 mars 2013] http://www.fao.org/docrep/013/i2050f/i2050f00.htm

FAO (2012) : Adoption des directives mondiales sur les régimes fonciers. Accord international historique sur une gouvernance responsable des régimes fonciers et les droits à la terre, aux pêches et aux forêts. 11 mai 2012 [consulté en ligne le 03.04.2013]

http://www.fao.org/news/story/fr/item/142613/icode/

FAO, L'état de l'insécurité alimentaire dans le monde. [Consulté en ligne le 10 avril 2013]

http://www.fao.org/docrep/016/i2845f/i2845f00.pdf

FAO (2012), la crise du Sahel : nouvelle crise dans la région du Sahel 2012 [consulté en ligne le 10 avril 2013]

http://www.fao.org/crisis/sahel/the-sahel-crisis/la-crise-2012-dans-la-region-du-sahel/fr/

Irin Film (2013): Our Bodies, TheirBattleground, avril 12, 2013 (vidéo) [consulté en ligne le 03. 04. 2013] https://www.youtube.com/watch?v=9bCimen77ho

CILSS, Comité permanent Inter – États de lutte contre la Sècheresse dans le Sahel CILSS [consulté en ligne le 11 avril 2013] http://www.cilss.bf/spip.php?article308

Nations unies, (2000) Quatrième Conférence mondiale sur les femmes : lutte pour l'égalité, le développement et la paix pour le XXIe siècle, 5-9 juin 2000, new York [Consulte en ligne le 10 mars 2013]

http://www.un.org/french/womenwatch/followup/beijing5/session/fond.html

Département économique et social, FAO. Statistiques et genres Recensement Agricoles : 3 Définitions et Concepts. [Consulté en ligne 13 avril 2013]

http://www.fao.org/docrep/003/X2919F/x2919f05.htm

Uniterra(2013), Afrique de l'Ouest, CEDEAO, CCDG, Protocole pour l'égalité de droits entre les femmes et les hommes. [Consulté en ligne le 6 avril 2013]

http://www.uniterra.ca/blogue/uniterra/protection-et-promotion-des-droits-des-femmes-dans-les-pays-de-la-cedeao/

FAO, 1996, introduction aux concepts de la sécurité alimentaire [en ligne] http://www.fao.org/docrep/013/al936f/al936f00.pdf